Gedichte der Gefangenen

Ein Sonettenkreis

Ernst Toller

Alpha Editions

This edition published in 2022

ISBN : 9789356902794

Design and Setting By
Alpha Editions
www.alphaedis.com
Email - info@alphaedis.com

Contents

Gedichte der Gefangenen
Ein Sonettenkreis

SCHLAFLOSE NACHT

Metallne Schritte in die Nächte fallen,
Die Posten buckeln durch die Höfe ohne Rast.
Oh, jeder Schlag ist Herzschlag ungeheurer Last,
Die uns bedrängt mit immer scharfen Krallen.

Wir lauschen schlaflos in das starre Hallen,
Ein schwarzes Schweigen wächst im schwarzen Glast,
Deß toter Atem fröstelnd uns umfaßt,
Zermartert Blicke an die Eisengitter prallen.

Warum, mein Bruder, feindlich durch die Höfe schreiten?
Uns alle band ein Schicksal an den gleichen Pfahl,
Uns alle eint der Kreaturen tausendjährge Qual,

Uns alle wirbelt dunkler Zwang durch die Gezeiten.
Oh, Fluch gesetzter Grenzen! Menschen hassen ohne Wahl!
Du, Bruder Tod, wirst uns vereint geleiten.

DURCHSUCHUNG UND FESSELUNG
(Dem Andenken des erschoßnen Kameraden Dorfmeister, München)

Den nackten Leib brutalen Blicken preisgegeben,
Betastet uns ein schamlos Greifen feiler Hände,
In Fratzenbündel splittern graue Wände,
Die wie Gepfeil gen unsre Herzen streben.

Pflockt Arm und Fuß in rostige Kette,
Brennt Narben ein den magren Händen,
Ihr könnt, Ihr könnt den Leib nicht schänden,
Wir stehen frei an der verfehmten Stätte!

So standen vor uns all die Namenlosen,
Rebellen wider des Jahrhunderts Tyrannei,
Auf Sklavenschiffen meuternde Matrosen —

Der Promethiden ewig trotziger Schrei!
So standen sie an Mauern der Geweihten.
So starben sie am Rande der verheißnen Zeiten.

WÄLDER

Ihr Wälder fern an Horizonten schwingend,
Vom abendlichen Hauche eingehüllt,
Wie meine Sehnsucht friedlich euch erfüllt,
Minuten Schmerz der Haft bezwingend.

Ich presse meine Stirne an die Eisensäulen,
Die Hände rütteln ihre Unrast wund,
Ich bin viel ärmer als ein armer Hund,
Ich bin des angeschoßnen Tieres hilflos Heulen.

Ihr Buchenwälder, Dome der Bedrückten,
Ihr Kiefern, Melodie der Heimat, tröstet Leid,
Wie wobet ihr geheimnisvoll um den beglückten

Knaben der fernen Landschaft wundersames Kleid ...
Wann werde ich, umarmt vom tiefen Rauschen,
Den hohen Psalmen eurer Seele lauschen?

SPAZIERGANG DER STRÄFLINGE
(Dem Andenken des erschoßnen Kameraden Wohlmuth, München)

Sie schleppen ihre Zellen mit in stumpfen Blicken
Und stolpern, lichtentwöhnte Pilger, im Quadrat,
Proleten, die im Steinverließ ersticken,
Proleten, die ein Paragraph zertrat.

Im Eck die Wärter träg und tückisch lauern.
Von Sträuchern, halb verkümmert, rinnt ein trübes Licht
Und kriecht empor am Panzer starrer Mauern,
Betastet schlaffe Körper und zerbricht.

Vorm Tore starb der Stadt Gewimmel.
„Am Unrathaufen wird im Frühling Grünes sprießen ...“
Denkt Einer, endet mühsam die gewohnte Runde,

Verweilt und blinzelt matt zum Himmel:
Er öffnet sich wie bläulich rote Wunde,
Die brennt und brennt und will sich nimmer schließen.

BEGEGNUNG IN DER ZELLE

Die Dinge, die erst feindlich zu dir schauen,
Als wären sie in Späherdienst gezwängte Schergen,
Sie laden dich zu Fahrten ein gleich guten Fergen,
Und hegen dich wie schwesterliche Frauen.

Es nähern sich dir all die kargen Dinge:
Die schmale Pritsche kommt, die blauen Wasserkrüge,
Der Schemel flüstert, daß er gern dich trüge,
Die Wintermücken wiegen sich wie kleine Schmetterlinge.

Und auch das Gitterfenster kommt, das du verloren,
Mit Augen, die sich an den schwarzen Stäben stachen,
Anstarrtest, während deine Arme hilflos brachen,

Und Köpfe der Erschoßnen wuchsen aus versperrten Toren.
Das Gitterfenster ruft: Nun, Lieber, schaue, schaue,
Wie ich aus Wolken dir ein Paradies erbaue.

LIED DER EINSAMKEIT

Sie wölbt um meine Seele Kathedralen,
Sie schäumt um mich wie brandend Meer,
Der Gosse sperrt sie sich wie eine Wehr,
Und wie ein Wald beschützt sie meine Qualen.

In ihr fühl' ich die Süße abendlicher Stille,
Auf leeren Stunden blüht sie maienliches Feld,
Ihr Schoß gebiert das Wunder der geahnten Welt,
Ein stählern Schwert steilt sich metallner Wille.

Sie schmiegt sich meinem Leib wie schlanker Frauen Hände,
In meine Sehnsucht perlt sie aller Märchen Pracht,
Ein sanftes Schwingen wird sie hingeträumter Nacht ...

Doch ihre Morgen lodern Brände,
Sie sprengen Tore schwerer Alltagszelle,
Einstürzen Räume, aufwächst eisige Helle.

GEFANGENE MÄDCHEN

Wie kleine arme Dirnen an belebten Straßenecken
Sich schüchtern fast und wieder roh bewegen,
Im Schatten der Laternen sich erst dreister regen
Und den zerfransten Rock kokett verstecken ...

Wie Waisenkinder, die geführt auf Promenaden,
Je zwei und zwei in allzu kurzen grauen
Verschoßnen Kleidern sehr verschämt zu Boden schauen
Und Stiche fühlen in den nackten Waden ...

So schlürfen sie umstellt von hagren Wärterinnen,
Die warmen Hüften wiegend auf asphaltnen Kreisen,
Sie streichen heimlich mit Gebärden, leisen,

Das härne Kleid, als strichen sie plissiertes Linnen,
Und wie sich in gewölbten Händen Brüste runden,
Befällt sie Grauen ob der Last der leeren Stunden ...

FABRIKSCHORNSTEINE AM VORMORGEN
(Dem Andenken des erschoßnen Kameraden Lohmar, München)

Sie stemmen ihre schwarze Wucht in Dämmerhelle,
Gepanzert recken sie sich drohendsteil,
Sie spalten zarte Nebel wie getriebner Keil,
Daß jeder warme Hauch um sie zerschelle.

Aus ihren Mäulern kriechen schwarze Schlangen
In blasse Fernen, die ein Silberschleier hüllt.
Sie künden lautlos: „Wir sind Burg und Schild!
Die Gluten winden sich, in uns gefangen.“

Der Morgen kündet sich mit violettem Lachen,
Den Himmel füllt ein tiefes Blau,
Da gleichen sie verfrornen Posten, überwachen,

Und werden spitz und kahl und grau,
Und stehen hilflos da und wie verloren
Im lichten Äther, den ein Gott geboren.

DIE MAUER DER ERSCHOSSENEN
Pietá
Stadelheim 1919

Wie aus dem Leib des heiligen Sebastian,
Dem tausend Pfeile tausend Wunden schlugen,
So Wunden brachen aus Gestein und Fugen,
Seit in den Sand ihr Blut verlöschend rann.

Vor Schrei und Aufschrei krümmte sich die Wand,
Vor Weibern, die mit angeschoßnen Knien „Herzschuß!“ flehten,
Vor Männern, die getroffen sich wie Kreisel drehten,
Vor Knaben, die um Gnade weinten mit zerbrochner Hand.

Da solches Morden raste durch die Tage,
Da Erde wurde zu bespienem Schoß,
Da trunkenes Gelächter kollerte von Bajonetten,

Da Gott sich blendete und arm ward, nackt und bloß,
Sah man die schmerzensreiche Wand in großer Klage
Die toten Menschenleiber an ihr steinern Herze betten.

DER GEFANGENE UND DER TOD
(Meinem lieben Zellennachbarn Valtin Hartig)

Der Gefangene spricht:

Ich denke deinen Namen, Tod, und um mich bricht
Der Zellenbau in Trümmer, Fundamente liegen bloß,
Aus Pfosten reißen sich die schweren Eisengitter los
Und krümmen sich im maskenlosen starren Licht.

In meiner Seele gellt ein Schrei. Ein Zittern wirft verschüchterte Gebärde
Ins Blut, darin das Leben pochend schwingt —
Und wie die Kreißende um sich und um ihr Junges ringt,
So ringt mein Blut verzweifelt um den Quell der Erde.

Oh, daß ich fliehen könnte! Denn dir hilflos hingegeben,
Heißt hilflos sich zerstören. Wer sich aufgibt,
Wählt dich zum Freund. Ich aber will das Leben!

Ich will das Leben so, daß mich das Leben liebt
Und seinen Rhythmus durch mich strömt, mich Welterfüllten,
Deß trunkne Erdenlust nicht tausend Jahre stillten.

Der Tod spricht:

Da du das Leben willst, warum Erbleichen,
Wenn meine Melodie in deiner Seele tönt?
Wer mich erträgt, der atmet wie versöhnt,
Sein Herz kann nicht mehr greller Klang erreichen.

Ist tot der Baum im Herbst der Abendweiten?
Ist tot die Blume, deren Blüte fallend sich erfüllt?
Ist tot der schwarze Stein, der glutne Kräfte hüllt?
Ist tot die Erde über Gräbern menschlicher Gezeiten?

Oh, sie belogen dich! Auch ich bin Leben,

Ein Märchen sprachen sie: der Tod sei in der Welt.
Ich bin das Ewige im Spiel der Formen, die Vollendung weben,

Dem Einen nahe, das den Sinn in Händen hält.
Ich bin der Wanderer, der überwand die tiefsten Wunden,
Und wer mich fand, der hat den Schoß der Welt gefunden.

PFADE ZUR WELT

Wir leben fremd den lauten Dingen,
Die um die Menge fiebernd kreisen,
Wir wandern in den stilleren Geleisen
Und lauschen dem Verborgnen, dem Geringen.

Wir sind dem letzten Regentropfen hingegeben,
Den Farbentupfen rundgeschliffner Kieselsteine,
Ein guter Blick des Wächters auslöscht das Gemeine,
Wir fühlen noch im rohen Worte brüderliches Leben.

Ein Grashalm offenbart des Kosmos reiche Fülle,
Die welke Blume rührt uns wie ein krankes Kind,
Der bunte Kot der Vögel ist nur eine Hülle

Des namenlosen Alls, dem wir verwoben sind.
Ein Wind weht menschlich Lachen aus der Ferne,
Und uns berauscht die hymnische Musik der Sterne.

SCHWANGERES MÄDCHEN AUF DEM GEFÄNGNISHOF

Du schreitest wunderbar im Glast der mittaglichen Stunde,
Um deine Brüste rauscht der reife Wind,
Ein Lichtbach über deinen Nacken rinnt!
Oh, Hyazinthen blühen süß auf deinem Munde!

Du bist ein Wunderkelch der gnadenreichen
Empfängnis liebestrunkner Nacht,
Du bist von Lerchenliedern überdacht,
Und deine Last ist köstlich ohnegleichen.

Wer wird die Hand dir halten am verheißnen Tag,
Da Mutterwehen wimmern zitternde Spiralen?
Ich seh dein Auge, das vom rohen Wort erschrak,

Ich seh hinwelken deine Hüften in den fahlen
Jahren der Gefangenschaft. Ich seh die Wärterin, die ohne Scham
Das heimatlose Kind von deinen vollen Brüsten nahm.

DÄMMERUNG
(Romain Rolland dankbar)

Am frühen Abend lischt das Leuchten deiner Zelle,
Von grauen Wänden gleiten schlanke Schatten,
Wer trotzig schrie, wird träumerisch ermatten,
Die braune Stille schwingt wie eine milde Welle.

Und oft erfüllt den engen Raum opalne Helle,
Gestalten deines Herzens locken dich zu heitrem Reigen,
Da wird ein Tanz im schweren Mantel Schweigen,
Da wird ein bunter Klang im dämmernden Gefälle.

Dein Atem ist ein Ruf, ein einziger Ruf!
Die Wächter schlürfen durch die Gänge, scheele Gäste.
Du bist so reich und lüdst sie ein zum Feste,

Das dir Genosse Abend schuf.
Doch grämlich drücken sie ans Guckloch trockne Schläfe ...
Es ist kein Ruf, der ihre Herzen träfe.

VERWEILEN UM MITTERNACHT

Um Mitternacht erwachst du. Glocken fallen
Wie Stürme an die Schwelle deines Traums.
Unendlich schwingt das Leben im Gefäß des Raums,
Ob allen Sternen muß sein Herzschlag hallen.

Es steigen an die Klänge, die sich ründen.
Die alte Stadt fühlt hilflos die gewordne Zeit,
Sie beugt sich tief: sie ist bereit,
In Schoß der Quelle einzumünden.

Hinschwingt ein letzter Klang in ferne Sphären.
Der Wandernde verweilt und lauscht:
Nur tiefer Stille wird Gebären,

Wer in der Erde wurzelt, rauscht.
Aus Stunden formt sich Antlitz gen die Zeiten
Und schwebt im Licht der Ewigkeiten.

NÄCHTE

Die Nächte bergen stilles Weinen,
Es pocht wie schüchtern Kindertritt an deine Wand,
Du lauschst erschreckt: Will jemand deine Hand?
Und weißt: Du reichst sie nur den Steinen.

Die Nächte bergen Trotz und Stöhnen,
Und wilde Sucht nach einer Frau,
Die Not des Blutes bleicht dich grau,
Aus Träumen blecken Fratzen, die dich höhnen.

Die Nächte bergen niegesungne Lieder,
In Nachttau blühn sie, samtne Schmetterlinge,
Sie küssen die verborgnen Dinge,

Du willst sie haschen und sie sind verweht,
Kein Weg ist, der zu ihnen geht.
Nie hörst du ihre Melodien wieder.

NOVEMBER

Wie tote ausgebrannte Augen sind die schwarzen Fensterhöhlen
Im Dämmerabend der verhangenen Novembertage,
Wie Flüche wider Gott, hilflose Klage
Wider die Zwingherrn der verruchten Höhlen.

Die Städte sind sehr fern, darin die Menschen leben.
Ein Knäuel würgt die Kehle dir, ein Grauen
Betastet deine Glieder. Wer wird Freiheit schauen?
Wenn endlich wird sich dieses müde Sklavenvolk erheben?

Oh, niemand löscht die Stunden der Gefängnishöfe, die in wirren
Träumen uns gleich Fieberlarven schrecken, antlitzlosen,
Wir sind verdammt von Anbeginn, wir müssen wie Leprosen,

Unstete, durch die Jahre unsrer Jugend irren.
Was ist das Leben uns? Ein formlos farbenleer Verfließen ....
Und gnädig sind die Nächte, die wie Särge uns umschließen.

EIN GEFANGENER REICHT DEM TOD DIE HAND

Erst hörte man den Schrei der armen Kreatur.
Dann poltern Flüche durch die aufgescheuchten Gänge,
Sirenen singen die Alarmgesänge,
In allen Zellen tickt die Totenuhr.

Was trieb dich, Freund, dem Tod die Hand zu reichen?
Das Wimmern der Gepeitschten? Die geschluchzten Hungerklagen?
Die Jahre, die wie Leichenratten unsern Leib zernagen?
Die ruhelosen Schritte, die zu unsern Häuptern schleichen?

Trieb dich der stumme Hohn der leidverfilzten Wände,
Der wie ein Nachtmahr unsre Brust bedrückt?
Wir wissen's nicht. Wir wissen nur, daß Menschenhände

Einander wehe tun. Daß keine Hilfebrücke überbrückt
Die Ströme Ich und Du. Daß wir den Weg verlieren
Im Dunkel dieses Hauses. Daß wir frieren.

BESUCHER

Die Augen sind vom Haßschrei der Gefängnismauern
Verstört gleich Tauben, die ein Marder überfiel,
Und die verschüchtert flattern ohne Ziel,
Erblindet vor den Zähnen, die in Blutdurst lauern.

Dann Mitleid scheu erblüht wie blauer Klang der Harfen,
Die Herzen klammern sich an des Gefangnen Hand —
Oh, viele bittre Nächte weinten wie verbannt,
Seit Waffenknechte den Empörer ins Gefängnis warfen.

Der aber wuchs aus Last erstarrter Zellen,
Und seine Seele ward entrückt dem Rhythmus kleinen Lebens,
Er lebt nach innen, lebt an Gottes Quellen —

Und der Besucher friert und fühlt, er kam vergebens.
Ein Pilger, der den Weg zum Freund verloren ...
Und tiefer noch vereinsamt, weint er vor geschloßnen Toren.

GEMEINSAME HAFT

Sie sind gepfercht in einen schmalen Käfiggang,
Gleich Tieren, die an Gitterstäben wund sich biegen,
Und die von Heimweh krank am Boden liegen
Und fast erschrecken vor der eignen Stimme Klang.

Sie dorren hin und träge wird ihr Blut,
Nur böser Giftstrom bricht aus ihrem Munde,
Der sucht und ätzt des Nachbarn offne Wunde —
Die eingesperrten Menschen sind nicht gut.

Die eingesperrten Menschen sind gleich Kranken,
Sie wurden taub und stumm und blind,
Sie hassen sich, weil sie so ärmlich einsam sind.

Weil sie im Chaos ihres Ichs versanken,
Weil grobe Nähe auch des Freundes Antlitz roh und häßlich macht,
Weil jeder über jeden zu Gerichte sitzt und hämisch lacht.

ENTLASSENE STRÄFLINGE
1918
(Meiner Mutter)

Sie träumen, Trunkne, durch vertraute Gassen,
Gefäß, darin ein Lichtmeer brandet,
In tausend Farben schäumt, im Asphalt strandet —
Form kann die Fülle noch nicht fassen.

Wie Auferstandne tasten sie mit durstgen Blicken
Nach Blätterknospen, die im Frühlingsatem schwellen ...
Sie streifen von sich modrig Kleid verwester Zellen
Und wachsen flammend auf in irdischem Entzücken.

Doch Stadt erschreckt sie jäh wie fremdgespenstig Land ...
Dann wieder sind sie tief in sich verklungen ...
Unendlich fern die Zeit, da sie gebannt

In grauen Sarg, und hohle Wände Totenlied gesungen.
Zerbrechlich lächeln sie, als ob sie irgendwo Erloschnes fänden,
Und streichen fremdes Kind mit scheuen, unbeholfnen Händen.

UNSER WEG

Die Klöster sind verdorrt und haben ihren Sinn verloren,
Sirenen der Fabriken überschrillten Vesperklang,
Und der Millionen trotziger Befreiungssang
Verstummt nicht mehr vor klösterlichen Toren.

Wo sind die Mönche, die den Pochenden zur Antwort geben:
„Erlösung ist Askese weltenferner Stille ...“ —
Ein Hungerschrei, ein diamantner Wille
Wird an die Tore branden: „Gebt uns Leben!“

Wir foltern nicht die Leiber auf gezähnten Schragen,
Wir haben andern Weg zur Welt gefunden,
Uns sind nicht stammelndes Gebet die Stunden,

Das Reich des Friedens wollen wir zur Erde tragen,
Den Unterdrückten aller Länder Freiheit bringen —
Wir müssen um das Sakrament der Erde ringen!

9 789356 902794

Printed at Repro India Ltd.